Serpientes escurridizas

PITONES

GAIL TERP

BLACK RABBIT BOOKS

Bolt es una publicación de Black Rabbit Books
P.O. Box 227, Mankato, Minnesota, 56002.
www.blackrabbitbooks.com

Marysa Storm, editora; Grant Gould, diseñador;
Omay Ayres, investigación fotográfica
Traducción de Travod, www.travod.com

Names: Terp, Gail, 1951- author.
Title: Pitones / por Gail Terp.
Other titles: Pythons. Spanish
Description: Mankato : Black Rabbit Books, [2021] | Series: Bolt. Serpientes escurridizas | Includes index. | Audience: Grades 4-6 | Summary: “Diagrams, graphs, and fun text help readers explore the habitats, diets, and daily lives of pythons”— Provided by publisher.
Identifiers: LCCN 2019053854 (print) | LCCN 2019053855 (ebook) | ISBN 9781623105204 (hardcover) | ISBN 9781644664681 (paperback) | ISBN 9781623105266 (ebook)
Subjects: LCSH: Pythons—Juvenile literature.
Classification: LCC QL666.O67 T4418 2021 (print) | LCC QL666.O67 (ebook) | DDC 597.96/78—dc23

Image Credits

Alamy: Ken Griffiths, Cover; Peter Maszlen, 6; iStock: damaloney, 12; Minden Pictures: Ignacio Yufera, 15 (middle); Mary McDonald, 24–25; Michael and Patricia Fogden, 15 (top); Michael D. Kern, 22 (top); Peter Blackwell, 13; Newscom: Peter Stachiw/ZUMA Press, 21; Science Source: ANT Photo Library, 24, 32; Shutterstock: Adam Brice, 4–5; Africa Studio, 27 (mammal); Alan Tunnicliffe, 18; Aleksandr Sulga, 27 (human); alfotokunst, 9; Angel Simon, 27 (lizard); Checubus, 27 (wild dog); Chris Watson, 1; Eric Isselee, 10–11; fivespots, 3, 27 (adult python); Heiko Kiera, 15 (btm); John Mitchell, 28 (top); Kuznetsov Alexey, 11; Liz Boynton, 27 (young python); Pakhnyushchy, 27 (rodent); Runa0410, 17, 22 (silhouettes); Sanne vd Berg Fotografie, 28 (btm); Stephen Mcsweeny, 27 (hawk); viper345, 31; Yuri Schmidt, 16–17

CONTENIDO

CAPÍTULO 1
Pitones en acción. 4

CAPÍTULO 2
Cacería y casas. 13

CAPÍTULO 3
Vida familiar. 20

CAPÍTULO 4
Parte de su mundo. . . . 26

Glosario. 30

CAPÍTULO 1

Pitones en ACCIÓN

Es de noche. Una pitón gigante espera junto a un sendero de animales. La **presa** debería llegar pronto. La pitón está lista. Sus sensores de calor le indicarán a la serpiente cuando se acerquen los cuerpos calientes. Algunas ratas pasan corriendo. Son demasiado pequeñas para la serpiente hambrienta. Espera a que vengan presas más grandes. Algo grande se aproxima. Cuando se acerca, la pitón ve que es un antílope grande y sabroso.

Hora del banquete

Una vez que el antílope está suficientemente cerca, la pitón ataca. Muerde al antílope y lo sostiene con sus dientes. Enrolla su poderoso cuerpo alrededor de la presa. La serpiente aprieta con gran fuerza. Después de unos momentos, el corazón del antílope se detiene. Es hora de comer. La pitón abre sus fauces y comienza a tragarse al antílope entero.

Fundida con el entorno

Las pitones son poderosos **depredadores**. Hay alrededor de 40 tipos de pitones. Todas matan a su presas por **constricción**.

Estas serpientes presentan varios colores, patrones y tamaños. La piel de la mayoría de las pitones tiene manchas y franjas. Pero algunas son de un solo color. Cada tipo de piel es la adecuada para los **hábitats** de las serpientes. Las serpientes se funden perfectamente con su entorno.

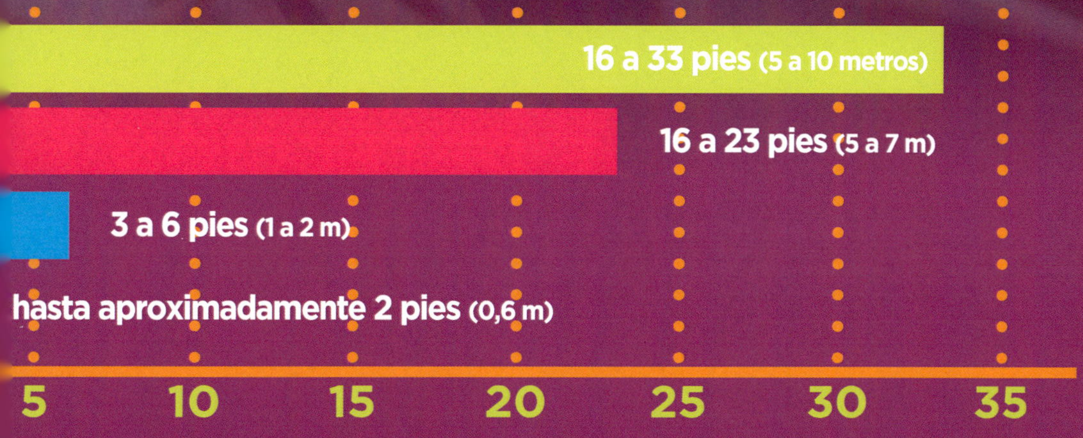
16 a 33 pies (5 a 10 metros)
16 a 23 pies (5 a 7 m)
3 a 6 pies (1 a 2 m)
hasta aproximadamente 2 pies (0,6 m)
5
10
15
20
25
30
35

CUERPO
LISO
HOYOS DE DETECCIÓN
DE CALOR

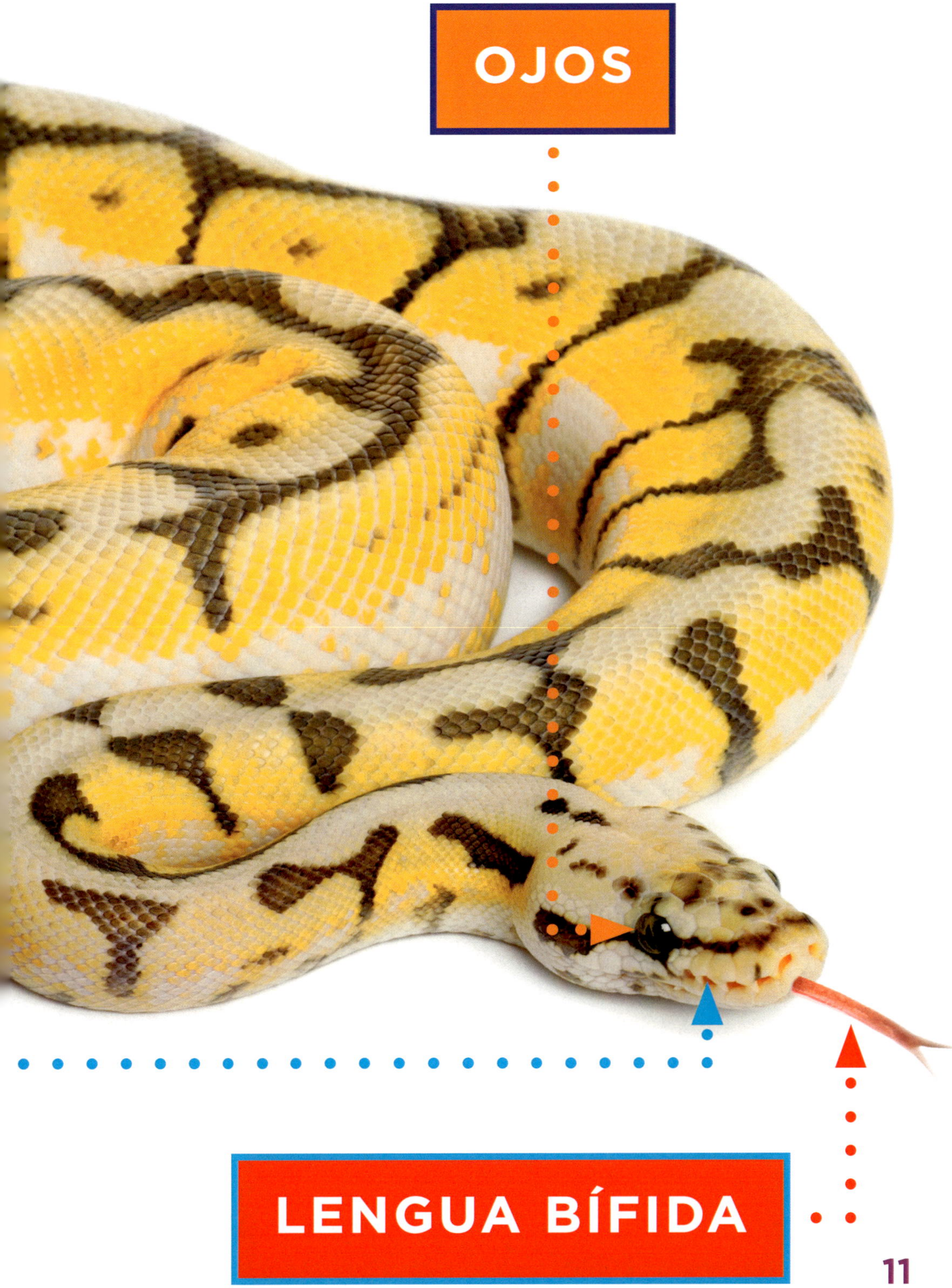
OJOS
LENGUA BÍFIDA

A las pitones, las comidas grandes les duran mucho tiempo. Las serpientes pueden pasar semanas o incluso meses hasta que vuelven a comer.

CAPÍTULO 2

CACERÍA y casas

Las pitones comen presas que se ajusten a su tamaño. Las pitones grandes comen antílopes, cerdos y otros grandes **mamíferos**. Las pitones pequeñas buscan presas más pequeñas, como roedores y lagartos.

Donde las pitones viven

Las pitones viven en África y Asia. También viven en Australia. Estas serpientes se pueden encontrar en una amplia gama de hábitats. Algunas viven en bosques y praderas. Otras viven en lugares rocosos o pantanos. Se las puede encontrar en el suelo, en el agua y en los árboles.

LUGARES ROCOSOS

PRADERAS

PANTANOS

DONDE LAS PITONES VIVEN

Mapa del alconce de las pitones

Decenas de miles de pitones de birmania ahora viven en Florida.

Invasoras

Las pitones no son de los Estados Unidos, pero muchas ahora viven en Florida. Estas serpientes comenzaron siendo mascotas. Algunas se hicieron demasiado grandes para sus dueños. Sus dueños las liberaron en la naturaleza.

Estas enormes serpientes se han apoderado de sus nuevos hábitats. Las pitones comen animales **locales**, incluidas las mascotas. Algunos de los animales que comen están **en peligro de extinción**. Y no hay grandes depredadores que detengan a las serpientes.

CAPÍTULO 3

Vida FAMILIAR

Las pitones viven solas a menos que sea momento de **aparearse**. Algunas pitones se aparean cada año. Otras se aparean cada dos o tres años. La temporada de apareamiento depende del tipo de pitón.

Después de haberse apareado, las hembras ponen huevos. Luego se enrollan alrededor de los huevos. Mientras están sobre los huevos, algunas madres tiemblan. Este movimiento ayuda a que los huevos se mantengan calientes.

Las madres no comen hasta que sus huevos eclosionan. Los huevos tardan en eclosionar unos dos meses.

COMPARACIÓN DE TAMAÑOS

PITÓN REAL ADULTA

3 a 6 PIES
(1 a 2 m)

CRÍA DE PITÓN REAL

alrededor de 1 PI
(0,3 m)

Crías

Una vez que salen del cascarón, las crías se deslizan para encontrar sus primeras comidas. Son **independientes**. Sus madres no tienen que cuidarlas. Están listas para atrapar, constreñir y comer presas.

CUESTIÓN DE NÚMEROS

aproximadamente 30 MINUTOS
¿CUÁNTO TIEMPO PUEDEN CONTENER LA RESPIRACIÓN BAJO EL AGUA LAS PITONES DE BIRMANIA?

hasta 100
cantidad de huevos que las hembras pueden poner por vez

ALREDEDOR DE 100
¿CUÁNTOS DIENTES TIENE UNA PITÓN?

20 a 25 años

ESPERANZA
DE VIDA
(todos los tipos)

hasta 200 libras
(91 kilogramos)
CUANTO UNA PITÓN DE
BIRMANIA PUEDE PESAR

CAPÍTULO 4

Parte de SU MUNDO

La mayoría de las pitones adultas son grandes. Tienen pocos depredadores. Pero sus crías tienen bastantes. Estos incluyen halcones y perros salvajes.

Los humanos son una amenaza para las pitones de todos los tamaños. Atrapan a las pitones para venderlas como mascotas. Las matan por comida o por su piel. La gente también está destruyendo el hábitat de la pitón. Estas serpientes no tienen tanto espacio para vivir.

Cadena alimentaria de la pitón

Esta cadena alimentaria muestra qué seres comen pitones. También muestra lo que comen las pitones.

Si hay peligro cerca, las pitones reales se enrollan en forma de bolas. Al enrollarse, protegen sus cabezas del ataque.

Proteger a las pitones

Algunos tipos de pitones están en peligro. La población está disminuyendo. Algunos países, como Australia, tienen reglas y parques para protegerlas. Los parques proporcionan a las pitones un lugar seguro para vivir y cazar.

Las pitones juegan un papel clave en sus hábitats. Ayudan a controlar las poblaciones de roedores. Sus crías son comida para otros animales también. Es importante que las personas protejan a estos increíbles animales.

aparearse: unirse para producir cría

constricción: el acto de hacer que algo se vuelva más angosto, más pequeño o más ajustado

depredador: un animal que se come a otros animales

en peligro de extinción: cerca de extinguirse

hábitat: el lugar donde crece o vive una planta o animal

independiente: que no depende de nadie ni de nada más

local: una persona o cosa que vive en un área, ciudad o pueblo en particular

mamífero: un tipo de animal que alimenta a sus crías con leche y generalmente tiene pelo o pelaje

presa: un animal al que lo cazan o matan para comerlo

ÍNDICE

A

amenazas humanas, 26

C

características, 4, 7, 8, 10–11, 24

comer, 4, 7, 8, 12, 13, 19, 21, 23, 27, 29

cría, 20, 21, 22, 23, 24, 26, 27, 29

D

depredadores, 19, 26, 27, 29

distribución, 14, 16–17, 18, 19

E

esperanza de vida, 25

H

hábitats, 8, 14,15, 19, 26, 29

T

tamaños, 8–9, 22, 25